云南省地方标准

高原山区高速公路服务区
电动汽车充电站应急管理指南

DB53/T 1122—2022

主编单位：云南省交通投资建设集团有限公司
参编单位：云南交投集团经营开发有限公司
云南交投新能源产业发展有限公司
昆明理工大学
批准部门：云南省市场监督管理局
实施日期：2022年11月12日

人民交通出版社股份有限公司
北 京

图书在版编目(CIP)数据

高原山区高速公路服务区电动汽车充电站应急管理指南 / 云南省交通投资建设集团有限公司组织编写. — 北京 : 人民交通出版社股份有限公司, 2022.12

ISBN 978-7-114-18470-3

Ⅰ.①高… Ⅱ.①云… Ⅲ.①电动汽车—充电—电站—运营管理—指南 Ⅳ.①U469.72-62

中国版本图书馆 CIP 数据核字(2022)第 257920 号

Gaoyuan Shanqu Gaosu Gonglu Fuwuqu Diandong Qiche Chongdianzhan Yingji Guanli Zhinan

标准名称: 高原山区高速公路服务区电动汽车充电站应急管理指南

标准编号: DB53/T 1122—2022

主编单位: 云南省交通投资建设集团有限公司

责任编辑: 李 佳 张 琼

责任校对: 席少楠 卢 弦

责任印制: 张 凯

出版发行: 人民交通出版社股份有限公司

地 址: (100011)北京市朝阳区安定门外外馆斜街 3 号

网 址: http://www.ccpcl.com.cn

销售电话: (010)59757973

总 经 销: 人民交通出版社股份有限公司发行部

印 刷: 北京交通印务有限公司

开 本: 880×1230 1/16

印 张: 1.5

字 数: 37 千

版 次: 2022 年 12 月 第 1 版

印 次: 2022 年 12 月 第 1 次印刷

书 号: ISBN 978-7-114-18470-3

定 价: 20.00 元

目　次

前　　言

本文件按照 GB/T 1.1—2020《标准化工作导则　第 1 部分：标准化文件的结构和起草规则》的规定起草。

本文件由云南省交通标准化技术委员会提出并归口。

本文件起草单位：云南省交通投资建设集团有限公司、云南交投集团经营开发有限公司、云南交投新能源产业发展有限公司、昆明理工大学。

本文件主要起草人：赵荣达、段国忠、梅国新、赵勇、陈金宏、肖明、刘兵、王智强、秦雅琴、董银军、赵伟、刘晔、叶保权、高国红、李扬、王江鹏、郑建勇、李学勤、高菊花、张海明、侯军、邓彩霞、武瑞彦、张雷、谢济铭、钱正富、夏玉兰、王锦锐、李秋谷、杨妮、路豪楠、李国鑫、吴扬、包丽馨、张国政、刘祥、柴国豪。

高原山区高速公路服务区电动汽车充电站应急管理指南

1 范围

本文件对高原山区高速公路服务区电动汽车充电站应急管理的基本原则、基础管理、应急管理、持续改进等做出了规定。

本文件适用于高原山区高速公路服务区充电站(以下简称服务区充电站)及其运营管理单位,包括有人值守服务区充电站和无人值守服务区充电站。

2 规范性引用文件

下列文件中的内容通过文中的规范性引用而构成本文件必不可少的条款。其中,注日期的引用文件,仅该日期对应的版本适用于本文件;不注日期的引用文件,其最新版本(包括所有的修改单)适用于本文件。

GB 2811 头部防护 安全帽

GB 2890 呼吸防护 自吸过滤式防毒面具

GB 2894 安全标志及其使用导则

GB 6095 坠落防护 安全带

GB 8181 消防水枪

GB 13398 带电作业用空心绝缘管、泡沫填充绝缘管和实心绝缘棒

GB/T 17622 带电作业用绝缘手套

GB 21148 足部防护 安全鞋

GB/T 26373 醇类消毒剂卫生要求

GB/T 27921 风险管理 风险评估技术

GB/T 31525 图形标志 电动汽车充换电设施标志

GB/T 32209 多组分有害气体检测报警器

XF 124 正压式消防空气呼吸器

XF 494 消防用防坠落装备

XF 1205 灭火毯

XF 630 消防腰斧

YY/T 1467 医用包扎敷料 救护绷带

YY/T 1638.1—2019 病人搬运设备 第1部分:救护车担架

3 术语和定义

下列术语和定义适用于本文件。

3.1

高速公路服务区 highway service area

设置在高速公路上,为驾乘人员生理和心理需求提供服务,以及符合车辆运行安全要求而设置的为

人、车提供服务的设施。按使用功能划分为:中心服务区、普通服务区、停车区、加水站四种类型。

注:本文件内中心服务区、普通服务区、停车区统称为服务区。

3.2

充电站 EV charging station

由三台及以上电动汽车充电设备(至少有一台非车载充电机)组成,为电动汽车进行充电,并能够在充电过程中对充电设备进行状态监控的场所。

[来源:GB/T 29781—2013,3.4]

3.3

风险 risk

不确定性的影响。

注1:影响是指对预期的偏离——正面的或负面的。

注2:不确定性是指对事件及其后果或可能性缺乏相关信息、理解或知识的状态。

注3:通常,风险以某事件(包括情况的变化)的后果及其发生的"可能性"(GB/T 23694—2013,3.6.1.1)的组合来表述。

[来源:GB/T 45001—2020,3.20,有修改]

3.4

突发事件 emergency

需要立即采取应对行动的突发、紧急的(通常意外的)事故或事件。

[来源:GB/T 35649—2017,3.1]

3.5

应急管理 emergency management

为了迅速、有效地应对可能发生的事故,控制或降低其可能造成的后果和影响,而进行的一系列有计划、有组织的管理,包括预防、准备、响应及恢复四个阶段。

[来源:AQ/T 9008—2012,3.1]

3.6

应急响应 emergency response

事故发生后,有关组织或人员采取的应急行动。

[来源:AQ/T 9002—2006,2.3]

3.7

应急预案 emergency plan

针对可能发生的事故,为迅速、有序地开展应急行动而预先制定的行动方案。

[来源:AQ/T 9002—2006,2.1]

3.8

应急准备 emergency preparedness

针对可能发生的事故,为迅速、有序地开展应急行动而预先进行的组织准备和应急保障。

[来源:AQ/T 9002—2006,2.2]

3.9

应急物资 emergency supplies

为应对严重自然灾害、事故灾难、公共卫生事件和社会安全事件等突发公共事件应急全过程中所必需的物资保障。

[来源:GB/T 38565—2020,3.1]

3.10

服务区充电站运营管理单位　EV charging station operation management unit in highway service area

在配置有电动汽车充电服务设施的高速公路服务区内，保障充电设施安全稳定运行，为客户提供及时有效的充电服务的运营管理单位。

3.11

服务区运营管理单位　operation management unit in highway service area

从事高速公路服务区经营管理和公共管理工作，为驾乘人员提供各类服务的单位。

4　基本原则

4.1　服务区充电站运营管理单位应严格遵守应急管理法律法规的相关要求，且应充分考虑自身应急管理的现状和特点开展应急管理建设。

4.2　应急管理建设应充分体现以人为本、预防为先、分类管理、属地管理原则，覆盖风险辨识、突发事件预防、应急准备、应急响应和应急恢复等要素。

4.3　应急管理建设宜全员参与，并充分听取属地行业管理部门、服务区运营管理单位等相关方的意见和建议。

4.4　服务区充电站运营管理单位的应急管理建设，应满足规范化、系统化、程序化要求，管理要求应具有一致性、完整性、可操作性和持续改进等特性。

4.5　服务区充电站运营管理单位宜遵循本文件 5.1 给出的要求，开展高原山区高速公路服务区电动汽车充电站的应急管理制度建设。

5　基础管理

5.1　制度建设

5.1.1　内容

应急管理的内容包括但不限于：

——应急管理方针和目标。

——应急管理法律法规和其他要求。

——应急管理机构。

——应急管理制度：

- 专兼职应急救援人员管理制度；
- 应急物资装备管理制度；
- 应急管理教育培训制度；
- 应急值守管理制度；
- 突发事件信息报告制度；
- 应急管理工作考核和奖惩制度；
- 应急预案管理制度。

——风险辨识及评估。

——应急预案管理。

——应急演练管理。

——应急响应管理。

——应急资源管理。

——现场应急设施和标志管理。

——应急教育培训。

——应急能力评估。

——事故损失评估。

5.1.2　建设步骤

建设步骤如下。

——准备阶段。

- 应对服务区充电站运营管理单位应急管理现状进行评估，并开展周围单位及环境应急资源调查。
- 通过现状评估掌握服务区充电站运营管理单位应急管理机构设置及人员配备、应急救援装备和物资储备、应急制度建设、应急预案管理、应急能力等方面的基本情况。

——策划阶段。宜根据现状评估结果和本文件相关要求，确定服务区充电站运营管理单位应急管理制度建设方案，明确：

- 建设方针目标；
- 原则与步骤；
- 内容与要求；
- 进度计划；
- 经费预算；
- 责任部门、责任人员等。

——实施与运行阶段。宜根据策划结果，建立应急管理制度，并为其有效运行提供必要的人、财、物资源。

——监督与评价阶段。宜对应急管理的实施情况进行定期监督与评价，发现问题，提出完善措施。

——改进与提高阶段。宜根据监督与评价的结果，持续改进应急管理制度，不断提高应急管理水平。

5.2　方针制定与目标管理

5.2.1　服务区充电站运营管理单位应以“坚持预防和应急并重，常态和非常态结合”的应急管理方针，制定具体方针和应急管理目标，并为实现应急管理方针和目标提供必要的资源。

5.2.2　应急管理方针宜体现服务区充电站运营管理单位应急工作的优先方向、政策、范围和目标，并随服务区充电站运营管理单位情况变化及时调整、更新。

5.2.3　应急管理目标的确定宜根据应急管理方针、现状评估结果和其他内外部要求，并适用于服务区充电站运营管理单位不同职能、层级应急管理的具体情况。

5.2.4　服务区充电站运营管理单位宜明确应急管理目标的制定、分解、实施、考核等内容，使目标管理规范化和制度化，确保应急管理目标能自上而下层层分解落实、自下而上层层保障。

5.2.5　应急管理目标宜根据应急管理的思想准备、预案准备、组织准备以及物资准备内容，制定具体的可量化、可操作的指标。

5.3　合规性管理

5.3.1　服务区充电站运营管理单位宜建立适用于应急管理的法律法规、标准规范、规章制度及其他要求的识别制度。

5.3.2　服务区充电站运营管理单位宜建立获取渠道，可从公开出版物、专业报刊、专业网站、行业管理部门等相关渠道获得，宜将最新有效的应急管理法律法规、规章制度及其他要求纳入清单管理，并适时进行更新。

5.3.3　服务区充电站运营管理单位宜将适用的法律法规、标准规范、规章等，结合自身情况转化为服务区充电站运营管理单位的具体制度,确保制度完备、有效,并定期进行宣传培训。

5.3.4 服务区充电站运营管理单位宜定期根据应急管理法律法规和规章制度要求,对应急管理制度进行合规性评价。

5.4 机构与职责

服务区充电站运营管理单位:应明确专兼职应急管理机构,应急管理职责和权限,配备专职或兼职应急管理人员。专兼职应急管理机构主要职责为:

——制定应急管理制度;

——明确相关人员的应急管理工作职责和要求;

——编制应急预案;

——组织实施应急演练培训;

——对应急队伍建设、物资储备、应急响应和处置、日常检查等进行监督。

6 应急管理

6.1 风险辨识与评估

6.1.1 一般原则

6.1.1.1 服务区充电站运营管理单位宜针对充电站内不同事故种类及特点,辨识存在的风险因素,分析可能产生的直接后果以及次生、衍生后果,评估各种后果的危害程度和影响范围,编制风险辨识与评估报告。

6.1.1.2 根据风险评估报告,建立风险清单,明确风险管控岗位职责,提出风险防范和控制措施;对确定为重大危险源的风险,按要求制定监控治理措施和应急预案。

6.1.1.3 根据现场变化进行动态风险辨识,适时更新风险清单。对现有风险防控与应急措施的完备性、可行性和有效性进行分析评估,不断完善风险防控与应急措施。

6.1.2 风险辨识

6.1.2.1 服务区充电站运营管理单位风险辨识宜充分考虑充电站所处地理环境、气象条件,及其设施设备的使用管理,通过充电站的日常维护和巡检,选择适宜的识别方法全面辨识充电站内的风险,服务区充电站风险分类评估示例见附录 A。充电站内的风险包括但不限于以下内容:

——自然灾害类(如气象灾害引起的雷击、水淹、强风、冰雪覆压导致的充电站遮盖坍塌、损坏等);

——事故灾难类(如充电设备故障、车辆故障、动物侵害引起的触电、火灾,驾驶员操作不当引起的车辆碰撞、伤害等,充电站周边发生事故引起的触电、火灾等);

——公共卫生事件类(如动物疫情、特定传染病等,充电站周边发生疫情或者站内有阳性病例导致充电站停用等);

——社会安全类(如阻塞交通、集会、聚众闹事、节假日充电拥堵排队等,导致充电站无法正常运行或设备损坏等)。

6.1.2.2 服务区充电站运营管理单位宜对存在或潜在的突发事件预警信息进行识别,识别途径通常包括但不限于以下内容:

——政府公开预警信息(如天气预警、地质灾害预警等);

——公共事业单位信息(如电力、通信等);

——日常巡检信息;

——公众网络舆情信息。

6.1.2.3 服务区充电站运营管理单位宜根据现场情况的变化及时开展风险辨识和评估,并及时对风险进行管控。

6.1.3 风险评估

突发事件的风险评估方法包括：专家会商法、德尔菲法、风险矩阵法、分析流程图法等。服务区充电站运营管理单位可根据突发事件的情况，参照 GB/T 27921 选择适宜的方法进行风险评估。

6.2 应急预案

6.2.1 编制原则

6.2.1.1 突发事件应急预案的编制应遵循"以人为本、依法依规、符合实际、注重实效"的原则，应急预案的管理需遵循统一规划、分类指导、分级承担、归口负责、关联衔接、动态管理的原则，包括规划、编制、评审、发布、备案、宣传、培训、演练、评估、修订和监督等工作。

6.2.1.2 突发事件应急预案编制应按照国家和省级的应急管理要求，以应急处置为核心，体现自救互救和先期处置的要求，做到职责明确、程序规范、措施科学，尽可能简明化、图表化、流程化，制定突发事件应急预案、现场处置方案和应急处置卡，并严格执行评审、公布和备案程序。

6.2.2 资源调查

服务区充电站运营管理单位编制突发事件应急预案前，应开展服务区充电站风险评估和应急资源调查工作，根据应急需要配备相应的应急设备、物资，并形成应急资源调查报告及风险评估报告，建立服务区充电站应急资源清单。应急资源清单包括但不限于以下内容：

——应急设施平面布置图；

——应急疏散路线图；

——应急救援有关的法律、法规；

——应急救援预案；

——应急装备；

——物资清单；

——周边救援资源调查情况资料等。

6.2.3 编制要求

6.2.3.1 在突发事件应急预案编制过程中，宜广泛听取有关部门、单位和专家的意见，并与预案所涉及的相关单位、部门的应急预案相互衔接。

6.2.3.2 编制与突发事件应急预案相对应的简明操作手册，明确职责任务及应急处置流程、应急保障措施等内容。

6.2.3.3 服务区充电站运营管理单位宜针对高原山区高速公路服务区充电站特点和可能发生的具体事故类型，制定相应的现场处置方案，主要包括适用范围、应急组织机构及职责、处置措施、应急保障等内容。

6.2.4 维护与评估

6.2.4.1 服务区充电站运营管理单位宜根据实际情况变化及时修订完善突发事件应急预案。突发事件应急预案修订涉及组织指挥与职责、应急处置程序、主要处置措施、突发事件分级标准等内容，修订工作宜参照有关行业管理部门的程序组织进行。

6.2.4.2 服务区充电站运营管理单位每三年应对突发事件应急预案进行一次评估，并形成评估报告备查。

6.2.4.3 当服务区充电站内外部条件发生重大变化时或突发重大事件后，服务区充电站运营管理单位应对充电站的应急能力和应急预案的有效性进行评估，根据评估内容提出完善建议，持续提升应急处置能力。

6.2.4.4　采用的应急能力评估方法宜适应服务区充电站应急管理的特点,可采取自评或者外部评估的方式,评估指标应能充分反映服务区充电站的应急管理现状。

6.3　应急演练

6.3.1　服务区充电站运营管理单位应制定应急预案演练计划,根据本单位的事故风险特点,每年至少组织一次服务区充电站运营管理的突发事件应急预案专项演练,每半年至少组织一次现场处置方案演练,并按要求将演练情况报告高速公路服务区运营管理单位及属地应急管理部门。

6.3.2　服务区充电站运营管理单位宜组织有关专家及应急管理人员对应急预案演练效果进行评估,撰写应急预案演练评估报告,分析存在的问题,并对应急预案提出修订意见。

6.3.3　服务区充电站运营管理单位宜将演练计划、科目和方案、演练脚本、参加人数、动用装备、评估报告和现场影像记录等资料归档备查。

6.4　应急响应

6.4.1　原则

6.4.1.1　服务区充电站运营管理单位应实行24小时值班制度。服务区充电站发生紧急情况时,应当根据突发事件应急预案制定情况分级启动应急响应,开展事件应急管理和应急处置工作,并按照规定将突发事件信息及应急响应启动情况报告服务区运营管理单位和属地应急管理部门。应急响应程序执行流程见附录B。

6.4.1.2　服务区充电站运营管理单位宜根据响应级别要求,联系相关应急支援单位,做好应急协调,并由应急救援领导小组及时报送事故信息,安排应急物资的供应、支持,做好应急资金的保障。

6.4.1.3　服务区充电站发生事故时,现场处置人员应根据现场处置方案,及时有效开展现场处置工作。

6.4.2　信息报送

当服务区充电站发生突发事件时,现场处置人员可根据现场情况将突发事件的发生时间、发生经过、发生原因判断、已造成的损失、已采取的措施及未来走势预测及时汇报给服务区充电站运营管理单位。服务区充电站运营管理单位对收到的信息及时进行核实并启动应急响应程序。

6.4.3　资源管理

6.4.3.1　服务区充电站运营管理单位结合运营特点,按实际需求配备必需的救援装备和物资。应急物资和装备设专人维护和管理,负责应急物资储备、补充、调拨、分发等工作,建立应急救援物资配备、使用、维护台账。具体物资配置要求见附录C。

6.4.3.2　服务区充电站应急资源宜运用信息化技术对物资装备进行有效监控、管理。

6.4.3.3　服务区充电站醒目位置宜设置导引标志、电动汽车专用标识、风险告知、安全警告、应急处置措施、应急联系电话标识、充电安全操作规程、充电站应急处置卡等标志标识,设施标识应符合GB/T 31525的规定。具体内容见附录D。

6.4.3.4　服务区充电站现场消防设施、应急标识标牌等应急设备设施要定期维护管理,保持其清晰、完整、有效。

6.4.4　救援人员

6.4.4.1　服务区充电站运营管理单位宜配备专职或兼职应急救援人员,或依托服务区运营管理单位的专职或兼职应急救援人员进行现场处置。

6.4.4.2 应急救援人员在确保自身安全的情况下,负责现场施救、交通疏导、人员疏散、现场隔离、信息报告、二次事故和次生灾害防范等。

6.4.4.3 当属地政府救援队伍介入救援时,服务区充电站运营管理单位应急救援人员应服从政府救援队伍的指挥调动。

6.4.4.4 应急救援人员应经过专业应急技能培训,具备针对服务区充电站突发事件的应急救援能力,并按照要求配备装备设施。

6.5 教育培训

6.5.1 服务区充电站运营管理单位宜制定应急教育培训计划,加强应急救援人员和现场处置人员的教育培训,掌握现场应急处置方案、应急物资使用及自救互救技能,提高应急处置能力。

6.5.2 服务区充电站运营管理单位宜建立教育培训档案,如实记录培训的时间、地点、内容、师资、参加人员和考核结果等情况。对新入职或转岗人员需进行教育培训,考核合格后才能上岗。

6.6 突发事件处置

6.6.1 当服务区充电顾客、车辆发生突发事件时,充电顾客根据充电站内应急处置卡提示,做好现场应急处置的同时及时避险。应急处置避险措施如下:

——发生突发事件时,立即按下充电桩“急停按钮”切断充电桩电源,并拨打应急处置电话;

——立即疏散充电站周边车辆及人群;

——立即撤离到周边安全地带,同时拨打 119 和 120 等待救援。

6.6.2 服务区充电站发生突发事件时,服务区现场管理人员根据充电站应急处置方案,及时有效开展现场处置工作。应急处置程序包括但不限于:

——明确现场的警戒疏散、医疗救治、现场监测、技术支持及环境保护等方面的应急处置措施,并明确人员防护的要求;

——对事件现场具体情况进行分析、研判,根据不同的事件类型,选择适宜的应急处置方案;

——应急处置过程中,现场管理人员做好现场防护,避免事故进一步扩大或出现二次伤害事故,同时由现场管理人员通过通信设备及时上报现场处置情况。

注:本文件附录 E 和附录 F 给出的现场应急处置示例,仅对一般情况具有指导作用。特殊情况下,服务区现场管理人员可根据现场的实际情况采取更加符合现场实际的处置方法。

6.6.3 服务区充电站发生突发事件时,充电站运营管理单位根据现场人员上报的事故信息对事故严重程度和影响范围进行判断,下达应急预案启动指令。应急处置过程宜考虑下述情况:

——确定响应级别,明确响应启动后的程序性工作,包括但不限于应急会议召开、信息上报、资源协调、信息公开、后勤及财力保障工作;

——按经过验证有效的应急救援程序实施救援;

——若事故严重程度和影响范围已超出单位的处置能力,应向属地应急管理部门报告事故信息,向周边人员传递事故信息,同时请求地方政府应急救援力量。

6.7 后续处置

6.7.1 突发事件应急处置和应急救援结束后,现场处置人员清点相关救援人员,收拾、整理器材装备,撤除警戒,按要求做好应急救援记录,整理救援信息并上报。服务区充电站运营管理单位应对突发事件应急预案实施情况进行总结、完善。

6.7.2 服务区充电站运营管理单位应确定损失评估的工作区域,并通过查阅有关资料,对损失评估的工作区域进行勘验和调查,确定服务区充电站设施损失程度和数量。

6.7.3 服务区充电站运营管理单位对整个突发事件完成调查后,根据应急管理工作考核和奖惩制度追究相关人员的责任。

7 持续改进

7.1 服务区充电站运营管理单位宜根据日常检查和巡查中发现的不足、应急演练中发现的问题、事故损失评估结果等,对应急管理制度、应急响应机制、应急预案管理、应急演练管理、应急事件处置等要求进行完善,持续改进、持续提高突发事件应急救援能力。

7.2 服务区充电站运营管理单位宜积极利用信息化技术,推动充电站应急管理模式朝着智能化、数字化、精细化发展。

附　录　A
（资料性）
服务区充电站风险致因分类示例

A.1　自然灾害类致因包括但不限于以下内容：

——雷击导致充电站设备故障甚至火灾、断电断网事故；

——受暴雨影响可能造成塌方、山体崩塌、泥石流损毁的临江临崖充电站；

——强风、冰雪覆压可能造成充电站遮盖损坏或坍塌；

——山区洪水损毁充电设备；

——高原地区夏季高温、冬季霜冻、冰雪、高原高寒影响充电安全或导致充电设备故障；

——高原地区雨季空气湿度和昼夜温差影响导致设备内部水汽凝结，造成设备腐蚀或短路影响充电安全；

——森林火灾导致充电站损毁。

A.2　事故灾害类致因包括但不限于以下内容：

——充电桩设置位置不合理；

——充电站内未设置交通标志、标线，或交通标志、标线不全、不清晰；

——服务区雨、雾、降雪、路面结冰等；

——服务区夜间照明不足或驾驶员操作失误；

——充电桩或电动车充电系统供电系统故障，如短路、过载、超压等；

——充电过程中电动车电池被击穿；

——充电的车辆上存放易燃易爆物品；

——充电桩日常管理、维护不当，电气设备、线路老化、绝缘破损、漏电且无接地接零保护；

——充电桩带电体防护不到位，在充电作业时操作人员误接触带电体；

——未制定充电桩安全操作规程或违章操作；

——动物（蚂蚁、蟑螂、壁虎等）进入充电桩内部；

——动物（老鼠等）进入变压器、配电房、电缆管道（啃食电缆保护层）等；

——充电站周边发生事故引发充电站触电、火灾等事故。

A.3　公共卫生事件类致因包括但不限于以下内容：

——动物疫情；

——特定传染病。

A.4　社会安全类致因包括但不限于以下内容：

——阻塞交通；

——集会；

——聚众闹事；

——节假日充电拥堵排队。

附 录 B
(资料性)
应急响应程序执行流程示意图

应急响应程序执行流程见图 B.1。

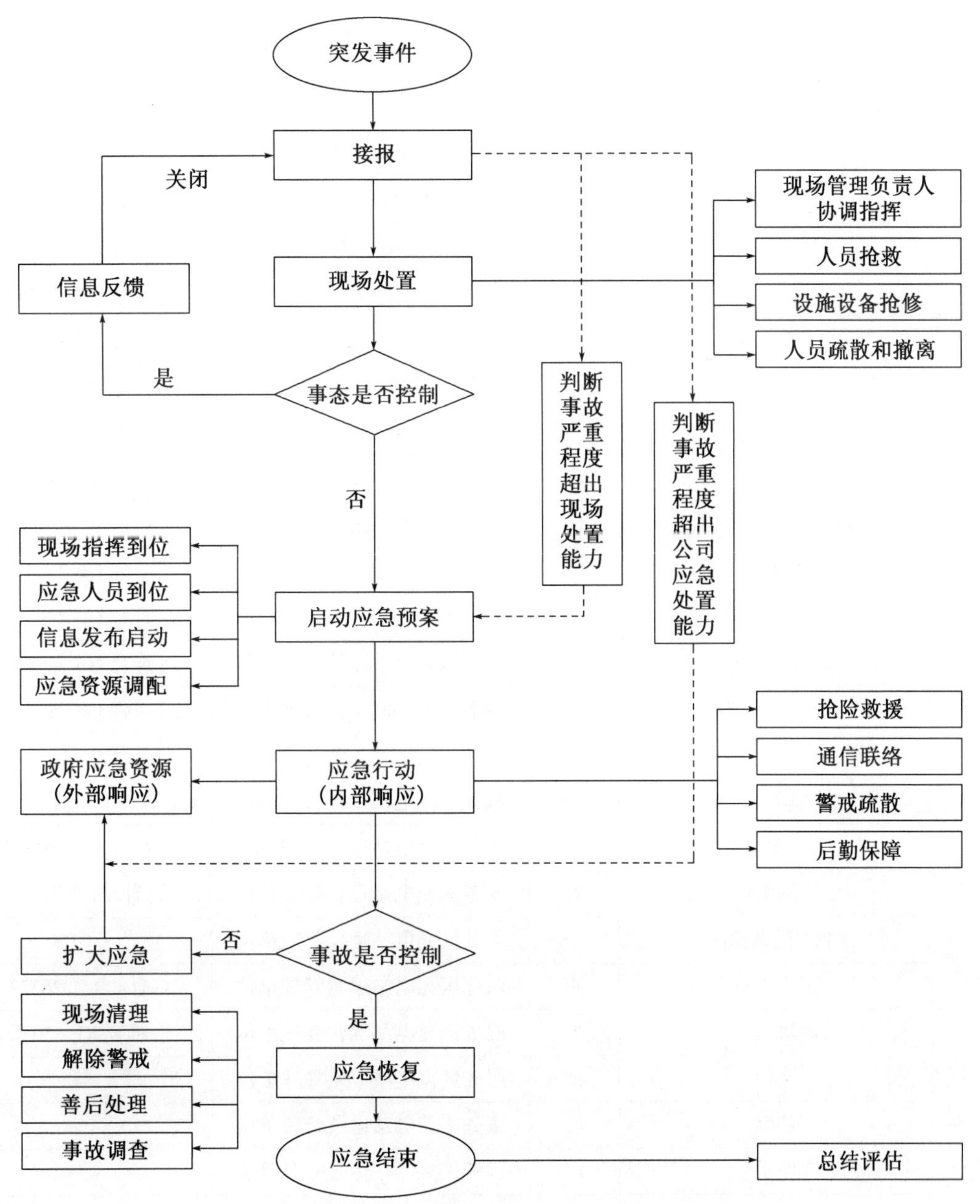

图 B.1 应急响应程序执行流程示意图

附　录　C
（规范性）
应急装备配置要求

应急装备配置应符合表 C.1 的规定。

表 C.1　应急装备配置要求

装备类别	装备名称	单位	配置位置	技术要求
防护类设备	正压式空气呼吸器	个	服务区充电站运营管理单位	符合 XF 124 要求
	安全帽	顶	服务区充电站运营管理单位	符合 GB 2811 要求
	绝缘手套	双	充电站现场	符合 GB/T 17622 要求
	绝缘鞋	双	充电站现场	符合 GB 21148 要求
	安全腰带	副	服务区充电站运营管理单位	符合 XF 494 要求
	绝缘杆	根	服务区充电站运营管理单位	符合 GB 13398 要求
	便携式防毒面具	个	充电站现场	符合 GB 2890 要求
侦检类设备	有毒气体探测仪	个	服务区充电站运营管理单位	符合 GB/T 32209 要求
	高压、低压试电笔	个	服务区充电站运营管理单位	—
警戒类装备	隔离警示带	米	充电站现场	符合 GB 2894 要求
	危险警示牌	块	服务区充电站运营管理单位	符合 GB 2894 要求
	闪光警示灯	盏	服务区充电站运营管理单位	符合 GB 2894 要求
	出入口标志牌	块	服务区充电站运营管理单位	符合 GB 2894 要求
救生类装备	防火毯	个	服务区充电站运营管理单位	符合 XF 1205 要求
	担架	个	服务区充电站运营管理单位	符合 YY/T 1638.1—2019 要求
	安全绳	米	服务区充电站运营管理单位	符合 GB 6095 要求
	医用绷带	卷	服务区充电站运营管理单位	符合 YY/T 1467 要求
	医用急救箱	个	服务区充电站运营管理单位	—
	医用酒精	瓶	服务区充电站运营管理单位	符合 GB/T 26373 要求
抢险类装备	消防腰斧	把	服务区充电站运营管理单位	符合 XF 630 要求
	铁铲	把	服务区充电站运营管理单位	—
	铁锹	把	服务区充电站运营管理单位	—
	劳保手套	双	服务区充电站运营管理单位	—
	反光衣	件	服务区充电站运营管理单位	—
	防尘口罩	个	服务区充电站运营管理单位	—
	电钻	把	服务区充电站运营管理单位	—
	直流喷雾水枪	个	服务区充电站运营管理单位	符合 GB 8181 要求
	便携式扶梯	个	服务区充电站运营管理单位	—
	安全爬梯	副	服务区充电站运营管理单位	—

表 C.1(续)

装备类别	装备名称	单位	配置位置	技术要求
抢险类装备	多功能剪扩钳	把	服务区充电站运营管理单位	—
	干粉灭火器	个	充电站现场	符合 XF 1205 要求
	水基型灭火器	个	充电站现场	符合 XF 1205 要求
	微型消防站柜	个	充电站现场	—
	砂袋	袋	服务区充电站运营管理单位	—
通信类设备	对讲机	对	服务区充电站运营管理单位	—
	喊话喇叭	个	服务区充电站运营管理单位	—
照明类设备	强光手电	支	服务区充电站运营管理单位	—
	多功能探照灯	盏	服务区充电站运营管理单位	—
其他设备	移动发电机	台	服务区充电站运营管理单位	—
	应急电源	个	服务区充电站运营管理单位	—

附 录 D
(资料性)
充电站安全风险告知(样式)

充电站安全风险告知(样式)见表 D.1。

表 D.1　充电站安全风险告知(样式)

<table>
<tr><td colspan="4">充电站安全风险告知牌</td></tr>
<tr><td>风险点名称</td><td>充电站</td><td rowspan="3">主要安全风险告知</td><td rowspan="3">1. 充电前请确认电动汽车符合国标并与充电设备参数匹配,否则,可能会对车辆造成损坏。
2. 充电前请确认充电设备是否有损坏和异常情况,检查枪头是否干燥、清洁,充电过程中严禁插拔充电枪。
3. 严禁在设备故障情况下使用充电桩,充电异常时切勿擅自操作,请及时联系现场管理员或拨打服务电话。
4. 请严格按照充电操作安全规程提示进行操作,否则,存在触电及火灾风险。
5. 发生火灾、充电设施浸水等事故,严禁靠近充电设备,请及时通知熟悉设备和应急处理方法的人员进行应急处理。
6. 充电站配电箱、主机柜、充电单桩日常应保持锁闭状态,严禁擅自开启、接线、改造或破坏充电设备,否则存在触电风险。
7. 老人、儿童在充电设施周围活动时,监护人应做好看护,避免发生事故。
8. 充电车辆未按规定有序停放,易造成车辆碰撞引发事故。</td></tr>
<tr><td>风险等级</td><td>较小风险</td></tr>
<tr><td>易发生事故类型</td><td>1. 火灾
2. 触电
3. 其他伤害</td></tr>
<tr><td colspan="2" rowspan="2">安全标志
禁止烟火　禁止放易燃物
小心碰撞　注意安全
当心触电　当心火灾</td><td>主要风险控制措施</td><td>1. 使用人须熟知安全操作规程,并按规程要求操作。
2. 定期对电气设备进行预防性试验,绝缘工具定期检测。
3. 防雷设施及接地保持有效完好,定期检测接地电阻,并符合要求。
4. 消防器材齐全,摆放整齐,定期检查,保持有效完好。
5. 充电站区域内禁止堆放物品,保持通道通畅。
6. 充电过程中请勿在车内停留,以防发生火灾、触电事故时无法及时逃生。</td></tr>
<tr><td rowspan="4">应急处置措施</td><td rowspan="4">火灾事故现场应急处置:
1. 发生事故,现场人员应立即按下“急停按钮”切断充电桩电源,并立即拨打应急联系电话。
2. 立即疏散周边车辆及人群。
3. 对初期火灾,应自行组织现场人员抢救、灭火。
4. 若火势较大或失控,应立即撤离到火场周边安全地带,同时拨打 119、120 等待救援。
触电事故现场应急处置:
1. 发现人员触电应大声呼喊寻求帮助,同时立即拨打应急联系电话。
2. 迅速使触电者脱离电源或关闭电源。
3. 现场应急人员到达事故地点后,组织实施救援,并按事故报告程序报告事故信息。
4. 将触电者移至安全地带,进行急救,同时拨打 120。</td></tr>
<tr><td>火警电话</td><td>119</td></tr>
<tr><td>急救电话</td><td>120</td></tr>
<tr><td>公安报警电话</td><td>110</td></tr>
</table>

表 D.1(续)

充电操作安全规程
1. 充电前准备 1.1　车辆进站充电时,严格按照行驶线路驾驶车辆,车速控制在 5km/h 范围内,按规划车位停稳。 1.2　充电前查看充电设备是否有损坏和异常情况,如有问题可拨打服务咨询电话反馈。 1.3　要根据充电接口正确选择充电终端,不可强行插拔充电枪。 1.4　检查充电枪及充电车辆插口是否正常完好,紧固、干燥、无尘、无积水,电线缆无破损。 1.5　充电前仔细阅读充电操作安全规程,必须按照正常步骤操作,严禁随意操作。
2. 连接充电枪 2.1　将充电枪从充电桩固定架上取出,一只手握充电枪,另一只手握充电电缆,提拉充电电缆进行移动,禁止仅提拉充电枪移动。 2.2　均匀用力将充电枪插入充电车辆插口,并确认充电枪锁止卡扣卡住插口凹槽,充电枪机械按钮弹起,使充电插头与车辆插口完全接触。
3. 充电 3.1　充电启动后,确认充电数据正常,并监控充电桩的运行状态,出现中断和异常现象应立即停止充电,并拨打服务电话通知充电维护人员处理,不得私自判断、处理。 3.2　如发现充电桩内部响声异常、电流电压显示异常、机内有不正常的气味或者烟雾产生、液晶屏显示异常、各信号指示灯显示异常等情况,应立即按下充电桩"急停按钮"结束充电,并拨打服务电话通知充电运维人员处理。 3.3　充电过程中随时关注车辆状态,若蓄电池电压、电流异常,需立即停止充电,并及时拨打应急电话反馈给运维人员,由运维人员处理。 3.4　充电过程中车内不得有人员停留,应在充电站区域内等待充电结束,严禁在充电过程中开启车门、启动车辆电源、移动充电车辆、在车内睡觉、检修车辆、使用明火或进行其他作业。 3.5　严禁在充电过程中拉、扯、摇、敲或拔出充电枪、需待充电自动结束或人工结束后方能对充电枪进行操作。 3.6　充电过程中不要覆盖充电桩,避免设备温度过高。 3.7　如果在充电时车辆发生异常,立即按下充电桩"急停按钮",停止充电并拨打应急电话,由运维人员处理。
4. 充电结束 4.1　非紧急、异常情况,不允许使用"急停按钮"结束充电过程,应等充电过程自动结束。 4.2　应先按解锁按钮,机械解锁后均匀用力把充电枪拔出充电车辆插口,禁止野蛮操作,以防损伤卡扣。 4.3　一手握充电枪,一手握充电电缆,提拉充电电缆进行移动,禁止仅提拉充电枪进行移动。将充电电缆整理后挂在固定支架上,插头插至插槽里,不得胡乱缠绕、随意放置。 4.4　行车前,应确认充电终止以及充电设备与电动汽车物理分离。

附　录　E
(资料性)
触电事故现场应急处置示例

触电事故现场应急处置示例见表 E.1。

表 E.1　触电事故现场应急处置示例

触电事故现场应急处置方案	
事故特征	1. 触电种类:电击和电伤。 2. 触电方式:单相触电、两相触电、跨步电压触电。 3. 危害程度:造成人员的受伤或死亡。 4. 事故征兆:气候潮湿,线路老化,带电设备无警示标识或缺少防护设施、电气作业违章操作等。 5. 发生条件:人员身体接触带电体或高压带电体对人体感应放电,电流在身体形成回路。
应急管理及职责	应急管理、现场指挥:充电站现场管理人员(如服务区驻站经理); 成员:当班岗位人员。 现场指挥职责: 1. 接到报告后组织现场应急人员按现场方案进行处置; 2. 向事故现场负责人报告事故信息; 3. 接受和执行应急指挥的指令。 成员职责: 1. 发现事故应向周边充电客户及作业人员示警; 2. 报告充电站管理人员; 3. 接受并执行现场指挥的指令开展救援或疏散行动。
应急处置程序	1. 发现人员触电后应大声呼喊寻求帮助,同时向现场管理人员报告。 2. 立即停止相关作业,关停相关设备设施,迅速关闭电源或使触电者脱离电源。 3. 现场管理人员必须立即到达事故地点,组织实施救援,及时根据事故情况确定应急响应级别,并按事故报告程序报告事故信息。 4. 将触电者移至安全地带,使之舒适、平卧、空气畅通,解开衣服,并立即报 120;若触电者停止心跳和呼吸,应在确保正确操作的前提下,立即进行现场急救(人工呼吸和心肺复苏)。
注意事项	1. 救援人员应做好防触电措施,触电者在未脱离电源时,切不可直接触碰触电者。 2. 如事故发生在夜间,应迅速解决临时照明问题,以利于抢救,并避免扩大事故范围。 3. 低压触电事故脱离电源方法:①立即切断电源;②如电源开关距离太远,用有绝缘把的钳子或用带木柄的斧子断开电源线;③用木板等绝缘物插入触电者身下,以隔断流经人体的电流;④用干燥的衣服、手套、绳索、木板、木桥等绝缘物作为工具,拉开触电者及挑开电线使触电者脱离电源。 4. 高压触电事故脱离电源方法:①立即通知有关部门停电;②戴上绝缘手套,穿上绝缘鞋,用相应电压等级的绝缘工具断开开关;③抛掷一端可靠接地的裸金属线使线路接地,迫使保护装置启动,断开电源。 5. 救援人员要防止触电者脱离电源后可能的摔伤,特别是当触电者在高处的情况下,应采取防摔措施,即使触电者在平地,也要注意触电者倒下的方向,注意防摔。若触电者伤势不重,应使触电者安静休息,不要走动,严密观察并送往医院进行检查。若为电弧烧伤,应及时送医院进行治疗。 6. 心肺复苏抢救措施要坚持不断地进行(包括送医院的途中),不能随便放弃。 7. 拨打 120 时,应说明详细地址和受伤人员性别、主要受伤部位、意识是否清晰等,留下联系电话并保持畅通。求救后,应由熟悉情况的人到最近的路口迎候。 8. 救援人员要做好自身防护措施,高处救援时,正确使用防坠落用具。

附　录　F
（资料性）
火灾事故现场应急处置示例

火灾事故现场应急处置示例见表 F.1。

表 F.1　火灾事故现场应急处置示例

火灾事故现场应急处置示例	
事故特征	事故类型：气体火灾，固体可燃物火灾。 危害程度：火灾生成的有害或窒息性气体易使人员中毒或缺氧窒息死亡，燃烧的火焰会造成人员烧伤或死亡。 事故征兆：焦煳味、烟、火光、电气产品突然损坏或温度异常升高、线路产生火花。 发生条件：一要有可燃物，二要有氧气或氧化剂，三要有点火源。
应急管理及职责	应急管理、现场指挥：充电站现场管理人员（如服务区驻站经理）； 成员：当班岗位人员。 现场指挥职责： 1. 接到报告后，组织现场应急人员按现场方案进行处置； 2. 向事故现场负责人报告事故信息； 3. 接受和执行应急指挥的指令。 成员职责： 1. 发现事故后，应向周边充电客户及作业人员示警； 2. 报告充电站管理人员； 3. 接受并执行现场指挥的指令开展救援或疏散行动。
应急处置程序	1. 第一发现人应大声呼叫：“××部位着火了”，向周边作业人员示警。 2. 立即停止相关作业，关停相关设备设施，并向现场管理人员报告。 3. 现场管理人员必须立即到达着火点，及时根据火情确定应急响应级别，并按事故报告程序报告事故信息。 4. 对初期火灾，现场管理人员宜自行组织现场人员抢救、灭火，并组织无关人员撤离、疏散。 5. 若火势较大或发展较猛，应立即拨打 119 求援；若有受伤人员应立即拨打 120 求援。并组织现场所有人员撤离、疏散，在火场周边安全地带实施警戒，等待下一步指令。 6. 按应急指令实施相应的应急救援。
注意事项	1. 火灾扑救要在确保人员安全的前提下进行。 2. 扑救时要先救人后救物，先重点后一般，先断电后救火，并注意顺风救灾。 3. 火灾发生后应掌握的原则是边救火边报警。 4. 应根据不同类型的火灾采取不同类型的灭火方法。 5. 拨打 120 时，应说明详细地址和受伤人员的性别、主要受伤部位、意识是否清晰等，留下联系电话并保持畅通。求救后，应由熟悉情况的人到最近的路口迎候。 6. 拨打 119 时，要报清、报全单位名称和地点，要说明是什么物质着火和火势大小，留下联系电话并保持畅通。求救后，应由熟悉情况的人到离火场最近的路口迎候消防车或指引通道，提供水源位置情况，以便迅速灭火。

参 考 文 献

[1] DB53/T 2011—2015　高速公路服务设施设置规范
[2] AQT 9007—2019　生产安全事故应急演练基本规范
[3] GB/T 29781—2013　电动汽车充电站通用要求
[4] GB/T 45001—2020　职业健康安全管理体系　要求及使用指南
[5] GB/T 23694—2013　风险管理　术语
[6] GB/T 35649—2017　突发事件应急标绘符号规范
[7] AQ/T 9008—2012　安全生产应急管理人员培训大纲及考核规范
[8] AQ/T 9008—2012　生产经营单位安全生产事故应急预案编制导则
[9] GB/T 38565—2020　应急物资分类及编码
[10] 中华人民共和国突发事件应对法
[11] 国务院办公厅关于印发突发事件应急预案管理办法的通知
[12] 云南省突发事件应对条例
[13] 生产安全事故应急预案管理办法